建行道

山本理顕に耳を澄ませ

「プロセスがすでに建築だ」と明言する山本理顕が、中国で洗練された建築のプロセス及びシステムの展開で中国の人々を魅了している。そして、山本理顕の建築思想を知りたがる中国の学生たちの要望も日々盛り上がりを見せている。

したがって、本書の主な内容は100項目近くに及ぶ、学生なら最も関心を持ちそうな質問を想定し、本人の自覚範囲で、自らの建築思想の成長や建築語彙あるいはカテゴリの確立までのプロセスを語っていただく形でまとめた。

友人である伊東豊雄氏および、アジアに詳しい建築史家の村松伸氏によるインタビューもユニークな内容である。

本書は最初中国の建築学生のため企画されていた「建行道」——世界の著名建築家シリーズ（中国建築材料出版社）の第一弾として、「山本理顕に耳を澄ませ」というタイトルで2006年6月1日出版される予定。

それに先立って、2月10日～19日の横浜BankART1929にて開催される山本理顕・張永和二人展「建築／風景の生成」を記念し、その抜粋として日本語版を出版した。

◆目 次◆

はじめに

■山本理顕インタビュー集

前提::建築家としての思想の形成

【理想、思想を形成した背景】
1945年誕生 ……………………………………………………8
1960年代 …………………………………………………………9
60年代そして「共同体」、現在の理想 ……………………9
創作の原点とは？そして新しい建築 ………………………9
自分の成長そして現在満足していますか？ ……………10

【具体的な設計の中で】
プロジェクトにおいて重要なことは？ ……………………11
設計行為とストーリー ………………………………………12
建築家として持つべきスキル ………………………………12
事務所の管理体制について …………………………………13
プロジェクトの管理について ………………………………14
スタッフそしてプロジェクト ………………………………16
スタッフはどんな存在ですか？ ……………………………17
影響を受けた人物 ……………………………………………17
挫折からの解消法 ……………………………………………18
一日の時間の使い方 …………………………………………18
…………………………………………………………………20
…………………………………………………………………21

■伊東豊雄さんに聞く「山本理顕」

- アイディアが出る場所 ... 21
- 充電する場所は? ... 21
- 家族について ... 22
- 最後に ... 22

- お二人の関係は? ... 26
- 作品を創る時の原点、建築に対する考え方でのぶつかり ... 27
- お二人の親密度 ... 29
- 山本理顕の魅力 ... 29
- 作品の印象 ... 30
- お二人の違い ... 32
- 山本先生との思い出 ... 34
- 共通しているところは? ... 35
- 山本理顕のコミュニケーション能力 ... 36
- 山本理顕にまつわる色々な話し ... 37
- 山本先生への期待 ... 39

■建築史家 村松伸さんに聞く「山本理顕」

- 出会い ... 42
- 山本理顕さんの作品について ... 44
- 山本先生への印象 ... 44
- 山本理顕さんへの期待 ... 46

Riken YAMAMOTO

1945年北京生まれ。1968年日本大学理工学部建築学科卒業。1971年東京芸術大学大学院美術研究科建築専攻修了。1973年山本理顕設計工場設立。2002年から工学院大学教授。

主な受賞：「GAZEBO」「ROTUNDA」で'88年日本建築学会作品賞、「岩出山町立岩出山中学校」で'98年毎日芸術受賞、「埼玉県立大学」で'01年日本芸術院賞、「広島市西消防署」で'01年BCS賞、「公立はこだて未来大学」で'02年日本建築学会賞、など他多数受賞。

主な作品：岩出山町立岩出山中学校、埼玉県立大学、公立はこだて未来大学、広島市西消防署、CODAN東雲1街区ほか。現在、北京建外SOHO」、「伴山人家─天津ハウジングプロジェクト」「横須賀市美術館」「福生市庁舎」などのプロジェクトが現在進行中。

主な展覧会：1997年Vienna Secession（オーストリア巡回展）。1998年Cities on the Move（ドイツ巡回展）。1999年Riken Yamamoto-La realite materialaise par l'architecture（フランス）。2000年Venezia Biennalae（イタリア）。Brussels 2000（ベルギー）。Towards Totalscape（オランダ）。2002年Venezia Biennalae（イタリア）。2003年つくりながら考える／遣いながらつくる。

■山本理顕インタビュー集

前提：建築家としての思想の形成

楊：建築家としての思想の形成についてお聞きしたいのですが、これは難しい問題かもしれません。先生の本を読んでいる間に、これは先生の思想から出たものだと思いました。住戸の「閾」の概念は先生の思想がそのまま自分の部屋に反映され、部屋の中の共用部分、つまりパブリックスペースに関するスタディは非常に面白いと思います。それは、おそらく先生の思想の原点となるような経験なのかなと思いましたが、先生に直接お聞きしたいのは、先生の中で思想といったようなものをお持ちでしょうか？

山本：あたりまえでしょう。

楊：ですよね（笑）。たとえば、限られた時間の中で、簡単に自己紹介をするときにいつものように表現されていますか？

山本：そうですね。それは、大学で学生たちに言っていることなのですが。建築をつくる、建築は社会に対してどんな役割を持っているかということになると思います。学生たちに言うのは、どんな小さい建築でもつくることによって、社会に影響を与えてしまうということなのです。それは、もうちょっと言えば建築をつくることによって、社会が少しは変わる、社会の側が、あるいは、環境が少しは変わる、ということを僕は学生たちに教えたいと思っています。僕自身もそういうふうに建築を考えたいと思っています。だからその建築を考えたいと思っているのは、社会から非常に大きな影響を受けて、というのは、社会の影響の元に建築ができ上がっている。と同時に、逆に建築の側が社会に対して、非常に深い影響を与えることもあります。これまでは、どうも社会の側からいろいろな大きい影響を与えられてはいるという認識はありましたが、その逆はね、そういう認識をもって建築を作ってきたかなと。ここは非常に怪しいと思います。建築をつくることによって、社会に影響を与えてしまう危うさを建築は持っている。それを思想って言ってもいいけど、非常に重要ではないかと思います。

楊：そうですね。なるほど。ちょっと言い換えれば思想ではなく、理想のような感じですね。建築の媒体を借りて本当に自分の社会に対する貢献というか、発信していく、影響していくことって言ったろうなと思います。

山本：そうですね。理想ということを言えば建築をつくるときには、つくる人がいるわけです。クライアントは、行政や民間であったりするわけです。なぜ、作りたいかというのは、クライアントにとっては理想的な建築を作りたいと思って頼みに来ることなんてないですよね。中途半端な建築が求められるわけですよ。今、考えうる理想的な建築があるはずです。行政なり、民間のクライアントなり、それは非常にプライベートな理想なのか、それとも社会という背景があって、理想ということを含んで社会の中で、建築というのは理想を担うという役割を持っているとしたらそういうところかもしれませんね。こういう個人のお客さんであったり、公共建築なり、非常に小さな範囲で建築を実現するにしても、そういう理想をどういう風に考えるか。社会に対して大きな影響を与えるということを含んで理想と考えるかで少し違う建築になると思います。僕はやはりその社会の中で、建築というのは理想を担うという役割を持っていると思います。今の基本的な考え方というのは、一言で言うと。

楊：スタート点はみんなそれぞれ違うと思いますけれども、先生の作品からは、このように社会と関わっている、

【理想、思想を形成した背景】

楊：根本的な理想、思想が形成した背景はどういう感じですか？たぶん、若いころの話に戻ると思うのですが、いかがでしょうか。

◆ 1945年誕生

山本：そうですね。私は1945年生まれです。要するに、戦争に負けた年です。北京生まれです。中国との15年という長い戦争、アメリカとも戦争をして、日本が本当に暴力的に戦争の原因を作ったわけですよね。そういう戦争が終わった年に僕は生まれたわけです。そのときの日本は本当に何もなくなった。僕には記憶がないのですが、日本の社会をどういう風に作ろうか、理想があったと思います。日本の憲法にしても、アメリカから押し付けられたといっている人もいるけれど、むしろ日本人全体のなかで本当に理想を求めようという気持ちが瞬間的だったかもしれませんけど僕はあったと思います。それは戦後のある時期まで非常に強い影響を日本人に与えたのではないかと思いますね。

楊：なるほど。

山本：僕はその影響を受けていると思います。周りを見渡しても、この時代の前後に生まれた人たちは多かれ少なかれ僕と同じだなあと思うことがあります。理想を求めるという強い意志が当時、日本全体にあったからだと思います。その影響が、僕の考え方のなかにはある理想を求めたいというのがかなりあります。それは僕のジェネレーションの特徴かもしれません。建築家だけではなくて、ほかの分野でもかなりいらっしゃいましたね。そういう人はみんな同じような発言をしたりしています。それはなぜかといいますと、やはり戦後のあの貧乏で物質が足りない時期だからなのでしょうか。

楊：そうですね。物が足りないなど、ぜんぜん思っていなかったですね。

山本：そうですか。

楊：それは回りの多くの人がみんな貧しかったから。特別に僕の家だけが貧しいわけではないですから。だからあの当時は貧しさなんてぜんぜん感じなかったですよ。いろんな人たちがいるからわかりませんが、今と比べればはるかに貧しかったと思うけど、僕の実感としてそう思ったとは一度もないですね。

山本：むしろその環境そのものが、めまぐるしく変化して行くという実感がありました。

◆ 1960年代

楊：具体的に聞くと、そういう理想的なスタート点っていうのはいつでしょうか。また、ちょうど学生運動ですごくいろいろなハプニングがあったと思いますが、なにか今までの日本と違う道を探っていこうという中で、ひょっとしたら影響を受けているのではないかと思いますが、いかがでしょうか。

山本：60年代のものですか？

楊：はい。

山本：学生運動、学生紛争ですか。

楊：1966年から始まりました。中国も文化大革命？

山本：68年に日本で紛争が大きくなった頃、中国では文化大革命がすでに起きていたよね？

楊：影響はそこからだと思います。

山本：そういうことが世界中で起きていたよね。日本では、それまでの大学の作られ方や目指している方向が違うのではないかと多くの学生達が思いました。いろいろな大学でそういう紛争が起きていったわけですね。僕はちょうどその頃、大学院にいました。大学院にいて、今までの大学や建築に対してもうちょっと違う方法があるのではないかとも思いましたし、ちょうど大学を改革しようっていうのと同じように建築に対する考え方もまったくおかしいと思っていたというのがあります。

楊：やはり、それからの日本は変動していきましたね。何の変化も無い社会だとたくさんの改革みたいなことが起こらないわけですが、ちょうどそのときにたくさんの情報を同じ方向に向かわせていこうとしました。オリンピックがあり、メタボリズムがあり、社会全体が同じ方向に動いていこうという中で、自分が望むというより世間がそういったことを望むというのが表れてくると思いますよね。要するに、個人と社会が一体どんな風にかかわるかを考えました。それが原因で僕は大学院のときに教授と険悪な状態になってしまいましたけどね（笑）。

楊：はい（笑）。

山本：山本学治さんという歴史の先生で、話されることが非常に論理的で、早くに亡くなられてしまったけれど、近代建築の研究をされていました。その人には僕がなにかういつも理路整然と反論されていました。

◆60年代そして「共同体」、現在の理想

山本：個人がその社会に対してどういう関係を持つか、言い換えれば共同体と個人がどういう関係になっているのかということを私たちは疑ったわけです。その頃の雰囲気を大雑把に言うと、いわば共同体以前に個人批判でした。私たちは共同体に帰属している以前に個人なんだと。磯崎さんは当時「母を犯し、父を刺せ」なんて過激なことを言っていました。つまり家族という共同体、あるいは国家という共同体が解放されるべきだというようなことだったと思います。でも、僕はそうした雰囲気にはちょっと違和感がありました。共同体と個人とは対立するものではないんじゃないか、ということです。共同体批判を徹底して個人に回帰すればそれでいいのか。その個人というのはいったい誰なのか。共同体にも帰属しない個人という概念が、どうも疑わしいと思っていました。国家とか家族とかそのような既存の共同体とは違う共同体の形式が考えられないのかなあと漠然と思っていましたね。
たとえば中国の文化大革命は、当時は情報がちゃんと日本に伝わらなかったのでよく分かりませんでしたが、「毛沢東語録」を読んで、みんなで笑っていました。共産党に対して徹底して忠実であるべきだという内容だった。そこには個人なんて全く登場しない。

楊：そうですか。

山本：僕は同時に共同体を全面的に批判して、個人になりきるはずがないと思いました。だから、紛争があったけれども、他の多くの人と少しは違っていて、共同体を徹底的に解体していけばいいのか、個人に回帰していけばいいのかすごく疑問でした。国家や家族などという共同体の仕組みそのものはやはり、あらかじめ決められたものではな

山本：そうですね。様々な経験がダイレクトに役に立っているなどとは思わないんですが、自分の長い時間の中で、経験したものから生まれてきたというのはありますね。学生紛争から得られた経験で社会に対する影響力を果たしたというような……。

楊：そうですね。

山本：それもそうだし、小さい頃から僕が教育されたある種の理想主義的な教育もあるかも知れません。小学校のときも戦後の影響が先生の中には残っていたと思いますね。先生たちにそういう理想主義的な思想を持った人が多かったと思います。戦後民主主義という言葉がそう批判的に言われているけど、僕は戦後民主主義を批判的に考えないほうがいいと思います。僕はその戦後民主主義の影響をかなり強く受けているように思いますね。

◆自分の成長、そして現在に満足していますか?

楊：成長といっても、変化も成長だと僕は理解していまして、予定通りに進んでいますか?

山本：予定は立ててないからね（笑）。

楊：「時の流れに身を任せ」みたいな感じですね。建築は予定たてますか?

山本：建築はね、ある時までに作り上げなくてはいけないから予定を立てますが、自分のことで予定を立てるのは下手ですね。大体予定を立てるのはできるだけ先延ばしにしたい（笑）。

楊：同感ですね（笑）。

山本：できるだけ決めたくない。それでちょっとスタッフがれて迷惑しているところもあるなぁ。

楊：今満足していますか?やはり、先生は建築は社会に対して影響を与えることができるというお話がありましたけれども。たとえば99%は達成していないですよ。もちろん、その建築

◆創作の原点とは?そして新しい建築とは?

楊：創作の原点について先生のお言葉で今でもずっと覚えているのですが「建築は社会を変えてしまう」と結構いろいろな場面でおっしゃっていますね。それが新しい建築をつくることにつながっていますか?いつごろからそのような建築を考えようとしたのですか?学生のみなさんは最初に線を引くとき何かの真似をしようとすると思いますが、先生のこれから新しい建築を考えようと思い始める時期はいつでしたか?学生の時から。

山本：みんな新しい建築を考えるでしょ。

楊：初めからではないでしょうか。スタートの時から、結果的にはどこかで見たようなものにかもしれませんけど、夢中になって世界の集落を見た経験だと思います。建築の設計をしようと思った途端に、やっぱり新しいものを作ろうと思っているのではないですか。

山本：そうですね。大学院のときの体験やその後原研究室に行って世界の集落を見た経験だと思います。建築を社会や環境などとの関係で考えられないかなと思い始めたのはありますね。形の面白さというのも重要だと思うし、それと同時に社会との関係の中で新しいものができないかなと思いました。それは最初に小さい設計事務所をはじめて建築をやり始めたときから、かなり大きなテーマの一つでしたね。

楊：前の話の中に含まれていると思いますが、自分の経験から生まれたものが多いと思いますが、いかがでしょうか。

くて、自由に変えていける。ただ変えられるべき対象ではないかと思っていましたね。

楊‥をつくることによって社会を変えることができるという考え方は変わっていないですけれども。それがどこまでできているかっていうと満足はしていないですよ。

山本‥やはり、抵抗勢力に結構邪魔されていますかね。

楊‥邪魔っていうか、自分でそう思い込んでしまっていて、もうちょっとできたな、もうちょっとやれたのにっていうことのほうが大きいですね。

山本‥わかりました。

楊‥だいたいなにかやると、もっとできたら良かったのになって思うよね。ゴルフだって、あそこでもっとこうなればって（笑）。うまくいったときでさえそう思う満足といってもなかなかしないのではないですか（笑）。だから満足というのは、ハイになっているから、作りたいと思って作ろうとしているいわば躁状態ですよね、ものを作っている最中はこうやればよかったかなということより、どうやって作ろうかということを考えるから。それは建築ができて、使われ始めて、いろいろあってある時間がたったあとですね。作っている最中はもう夢中だからそういうことを考える余裕はないですね。

■【具体的な設計の中で】

◆プロジェクトにおいて重要なことは？

楊‥なるべくオープンな感じがいいですよね。プロジェクトに関しては、事務所にとっても先生にとっても重要だと思うことはなんでしょうか。

山本‥設計のプロジェクトに関して、最も重要なのは……

楊‥なんか、クエスチョンマークになっていますけど（笑）。人がたくさん参加するかしらどうしても赤字になっていってしまいますからね。サービス精神はコミュニケーションも重要ですよね。

山本‥設計料は重要ですよね（笑）。

重要だけど、それで施主が満足するかしないかということだけになってしまうと問題ですよね。

楊‥そうですね。ところで、中国の仕事がたくさんあるときに、選択が重要で、これは怪しいだとか、条件が噛み合わないといったことがあるようですね。請けないということも大事ですね。

山本‥それは、仕事をしないっていうときはありますね。コミュニケーションがうまくいかないときなどはそうしています。

楊‥その時に、逆にクライアントの素質が問われるでしょうね。クライアントが建築に対して期待してくれていればいいですが、ぜんぜん違う期待をされてもね。

山本‥そうですね。

楊‥誠実さと信用などは……。

山本‥施主との関係に関していえば、サービスというのは、施主を満足させることで、それを業性の人達とちょっと余計なお世話かもしれませんが、建築ができてしまうことによって社会や環境に対して大きな影響を与えてしまうとしたら、そういうことも一緒に考えるのは当たり前のことですけれども。例えば、公団で作った東雲の計画だと非常にオープンな住宅を作りましたけど、別段施主はそんなもの望んでもいなかった。だから施主はガラス張りにした玄関や風呂場がガラスドアに面していることなどにかなり疑問を持っていました。でき上がってみたらとても人気があってよかったですけど、とにかく話をしながらモックアップを作ったりして、施主にサービスするという意味は必ずしも施主の要求通

楊：なるほど。施主さんの次元よりもっと上のところを目指して提案して具体化して、後で理解してもらえばいいという……。

山本：そのとき理解してもらわないとできませんけどね。

楊：そうですね。

山本：上ということでもないだろうけど、大きい視野で考えるということですよね、それが建築家の責任でもあると思うんですよね。

◆設計行為とストーリー

楊：表現の方法について、考えるときはスケッチですか？ ただひたすらスケッチを描いていくか、文字である程度、論述的にたてていくのか、文字で単語の並べ替えのような形でやるか、どちらのほうが多いでしょうか？

山本：スケッチは書きますけどね。みんなと一緒に設計しますから。文字というか、事務所の中でみんなと一緒に設計しますから。こんな建築を作ろうといった共通の言葉も必要になるわけですよね。スケッチはもちろん人と話すときに重要だし、こんな建築にしようというときに必要になってくる。だからどちらが多いということもはっきり言えませんが、設計するときに文字をたくさん書くということはないですね。

山本：たくさんの人とやるときにはルールのないように、ある程度の環境やルールを作っていくかという話がありましたが、その中にヴィジュアル的なもの、あるいは何か文字的なものがあるのでしょうか。

山本：この前、楊さんと話したときには、施主も管理する人も含めてさまざまな多くの人が建築をつくるときには登場しますけれども、その人たちと話すときにはルールみたいなものを作ったほうがいいという話をしましたね。で、今のスケッチをしますかという話は、事務所の中でスタッフたちとスタートするときはちょっと違ってスケッチを書いたり話をしたりで、特に話をするのが重要ですね。大体設計するときなんて、藁にもすがるという感じですからね（笑）。どうしようかとまず思いますよ。だからスタッフとの話がすごく重要なわけですよ。だから、ときどき怒りますよ。ちゃんと答えろとか、声がちっちゃいとかね（笑）。

楊：最近は結構みんなパソコンをいじくっていますけど、結局先生のパースをみれば、手書き風のああいうかわいいパースのほうが、すごく想像力が膨らみます。CGでリアリティを求めてしまうと、限定されるような気がします。それも、case by caseですけどね。まぁ大体は小さなスケッチみたいなものを書きます。

楊：手書きですか？

山本：まずは自分で書いてみるというのが重要ですね。頭の中で思っているのを書いてみるのだとぜんぜん違いますからね。

楊：コンピュータ、できないんですね（笑）。

山本：できないんですね。

楊：はい。

山本：やっぱり人間のアナログの感性というか、手書きの癖というか、そういうところの良さがあると思いますね。手書き風だからストーリー性は重要ですか？ それとも自然にこうなってしまいますか。

楊：いや、それはものをつくるときにはいろいろな意味で重要ですね。大きいストーリーといえば、歴史という話もあるでしょう。歴史の中でそれはどんな風に位置づけられるかというのも重要だし、小さなストーリーをつくるとしたらどんなテーマだろうとスタッフとか建築をつくる人が、建築に向かうとしたらどんなストーリーだろうとスタッフたちと話もするけど、それもストーリーですね。言語でお互いコミュニケーションをしようとしたら、ストーリー

楊：のような物がないと無理でしょう。例えば建外SOHOでもそうですけど、クライアントさんが投げてきた何百万平米、何十万平米という中に、当然買い手の家族構成みたいな条件はないわけですね。ですがある程度は想定して、こういうふうに構成したらこういう人たちが使いやすいだろう、SOHOのアイディアをそれに合致するような形で作っていくときにどこにSOHOを置くかということも、事前に設定していくようなストーリーが必要だと思いますが。

山本：必要ですね。

楊：下地をつくるみたいな。

山本：だからそれがいわば建築の基本的な考え方みたいなものですね。例えば建SOHOで言えば、それは外ににになるべく開いたようなランドスケープをつくっていこうということです。周りとの境にゲートがあって閉じてしまうといった他のデベロッパーがやっているようなことはやめよう。そこに住んでいく人たちは単に住宅として住んでいくわけではなくて、商売もするでしょうから、何にでも使える様な建築を目指すべきだろう。こうして僕は全体の街区がどんな将来像になるかなどを考えるわけです。それをつくるにあたってどういうふうに新しい物語ができるかがクライアントにとっても非常に重要ですね。

楊：その物語を買うわけですから。

山本：夢を買うようなものですね。

楊：夢を買うわけですよ。

山本：売買するにはなくてはならないわけですね。

楊：その夢みたいなストーリーを考えていくときに、先生が一方的に語るのではなくてみんなも参加して、

山本：いろいろな人たちと共有しないと無理ですよね。人で表現できないことは何で表現しますか。CAD、

CG、アニメーションを使っている理由ともいえますけど。人に伝達するときにコンピューターグラフィックを使うことでよりハマルように見せることができるでしょう。お互いにある物語を共有するためには非常に重要なツールですよね。

◆建築家として持つべきスキル

山本：スキル。

楊：そうです。先ほどもおっしゃっていましたが、会話できる能力……。

山本：これは誰に対して？山本事務所に入ってくる人に対して言いたいこと？

楊：自分に対しても、山本事務所に入ってきた若いスタッフに対しても、コミュニケーションの中でこのスキルなくてはいけないなど。

山本：コミュニケーションの能力でしょうね。まず一番重要なのは。

楊：はい。

山本：それからオプティミズムというか楽観的なほうですね（笑）。深刻にならない。あんまり楽観的でも駄目かもしれませんけど（笑）。まぁ、でも深刻になるより、はるかに楽観的なほうがいいですね。プラス思考の人がいいですね。

楊：理想主義者だということも重要かもしれませんね。

山本：相当ノウテンキにみえてくるね。コミュニケーション能力があって、理想主義的で、楽観的で、ものすごく軽いやつみたいね（笑）。責任感は非常に重要ですよね。

楊：そうですよね。責任なきゃ、さっきの軽いやつになってしまうかもしれませんけど。

山本：はい。設計事務所は初めから責任取らないといけないですからね。

山本：そうですね。
楊：誰かのお手伝いで終わるわけではないからね。お手伝いが欲しくて人を雇っているわけではないから。全責任を取ってくれる人がほしいわけですよね。ほしいというか、そういう風に働いてくれないと僕の事務所では成り立たないですね。
山本：はい。
楊：即戦力っていうのも別に技術的に即戦力を求めているわけではないからね。
山本：ただプレゼンなど、現場やクライアントとの会話にはさっきのコミュニケーション能力で、その技術的なものはあっという間にどんどん覚えていってしまうから。
楊：そうですね。あとはリーダーシップ……。
山本：リーダーシップというのも、コミュニケーション能力の一つかもしれませんね。やはり、責任感というのも、コミュニケーション能力かなと……。全体をまとめていくことも必要だし。
楊：はい。
山本：そうすると、入りたての人もリーダーシップをとってもらわなきゃいけないわけで、誰かがリーダーシップをとってくれて自分はついていけばと思う人だと建築家としてなかなか難しいよね。
楊：そうですね。
山本：いきなり、リーダーシップは要求されますね。
楊：はい。
山本：まあ、リーダーシップといっても性格にもよるから、常に積極的にできる人とそうでない人がいるけど、気持ちとしてはリーダーシップをとるつもりでないと、建築家は難しいかもしれませんね。
楊：同年代の人で建築家として最後まで生き残ったということで、自分が今いった能力が……。

山本：というかね。僕の時代は何で建築家が少ないかというとさっきの紛争があったせいです。建築をつくるということに対して非常に疑問を持った人たちがたくさんいたわけですよね。僕もそうだけど……。建築をつくることが、社会を変えてゆくというよりも、今の制度を固定化するように働く、建築にはそういう側面があると思うのですが、そうした今の体制に疑問を追認するようなものしかつくれないのではないかという、不安やいらだちのようなものがあったと思います。
楊：だからそういうものに対して疑問を持って建築を作らなくなった人が多かったですね。建築家にならなかった…松山巌さんもそうだし、あと鈴木博之さんも同じ歳だし、ある同級生は編集をやっています。あと何人か僕の知り合いでいるけど、多くの人は建築家にならなかった。
辻：そうですね。僕の同級生でも、今建築をやっている人はわりと少ない。
楊：今は、また映像などツールがいろいろと広がっていると思うので。
辻：そうですね。ウェブ系や広告代理店、電通など。
山本：僕はそれに反対ではないですよ。建築を卒業したからって別に建築をやることもなくて。
楊：そうですね。
辻：実現する方法はいくらでもある。
楊：理想でも建築だけではなく、建築以外のものでもある程度……。
辻：最近、コラボレーションが増えたのはそれかなと思いましたね。2年ぐらい前から建築だけでは解決できないことが、違う業種からだと解決できたりしますみんなグループ的にやっているのかなと思いますけど、最近それもどうなのかと思い始めましたけど。

山本：そうですね。僕は岩出山中学校を作ったときにいろんなデザイナーと一緒にやり始めたけど、そういう人たちからも刺激を受けるしね。必ずしも建築家だけが建築をつくっているわけではありませんから。

◆ 事務所の管理体制について

楊：大きな事務所なので管理体制について具体的に聞きたいのですが。

山本：僕が言っているのは新入りでも古い人でも対等だよということです。

楊：発言の場もあって、そこで自分の意見を言える人。

山本：最近うちの事務所でもなかなかそれができない人が増えてきてますが、目指しているのは階層管理ではないです。

楊：わりと階層管理の会社が多いですよね。

山本：大きくなればなるほどね。プロジェクトが動き出すとどうしても階層的になってしまうけどね。

楊：そうなると予算と決められた時間である程度まとめるというのは良いですけど、人は成長しないですよね。

山本：それはそんなに優しくないですよ。結果的に成長していくけどね。

辻：生易しくないと（笑）。

山本：そういう階層ではないほうがね。どんなに若くてもいきなり責任がきてしまうから。

楊：そうですね。

山本：コンペなどでも一緒にやればできるかどんな個性か、すぐわかります。コンペは本当にコミュニケーション能力がないとできないですから、チームの中でやっていると本当に分かりますね。

楊：はい。わかりました。ほうれんそう、報告・連絡・相談、これは日本で覚えた言葉ですけど、チームワークのメンバーの中では、そういうのが無くては存在できなくなってしまうので、重要だと思いますけども。で、落とし穴……

山本：ひとつ決まった言葉が無くては存在できないので、重要だと思います。で、落とし穴……

楊：それはもう僕に責任があります。

山本：本当ですか。

楊：だって山本事務所になっているから僕がリーダーでいつもいる訳ですよね。例えばこうやろうという時に、やろうという方向を間違ってしてしまうと、やっぱりいくらネットワークだといってもどうしたってそれはそこに向かってやっていくからね。そこで方向を間違えてしまうと大体負けてしまいますよね。

楊：なるほど。

山本：そういう落とし穴はいつもありますね。だから僕もいつもネットワークの中で変わっていきますけど、自分が強く言うとひとつの方向に一気に行ってしまうからね。

楊：はい。

山本：このあいだも工学院のコンペで負けてしまったけど、すごくいいアイディアですよ（笑）。最高にいいアイディアだと思って。でもそれを表現するときに失敗したかもね。興奮状態がそのまま表現になっていますね。今度のGA JAPANにそれを出すことにしました。その一枚をA3で出したけど、審査員ももう少し発見的な目で見てほしかったなぁ。でも構造設計は金田さんとよく一緒にやられていますけど、相性いいのですかね。

辻：はい。

山本：（笑）そうですね。僕の事務所はすごくわがままですから、それをすごく我慢強い金田さんが……。

楊：僕の想像では、想像だけではなくて、天津のプロジェクトも北京建外SOHOもそうですけど、若手の事務所と結構連携してやっていますけど、例えばみかんぐみさんが参加されて、そうしたコラボレーションもそれぞれのチームにパワーがあるから、だからこそ管理しにくい部分があるのではないですか。その管理あるいはネットワークを組むときの工夫は。

山本：いや、管理したいなど思わないですからね。お互いに刺激があればいいかなと思っているので。

楊：そうですね。

山本：全然考え方の違う人とやっても困るしね（笑）。そういう意味では今度天津でやった人たちっていうのは一緒にやれる人たちだったのだと思います。常にそうですよ。東雲だってそうです。

◆プロジェクトの管理について

楊：プロジェクトの管理は徹底的にやっていると思いますが。

山本：それはやっていますよ。

楊：前にみかんぐみさんにインタビューした時の話ですが、山本さんはちゃんと管理しているから僕らが楽にできたという話を聞きました。

山本：中国の仕事はね。

楊：先生は交渉がうまくいって内部的にはちゃんと管理しているからと。押さえどころが重要ですね。

山本：中国は本当にちゃんと管理しないとぜんぜん違うものになってしまうからね。管理を徹底的にするというのは非常に重要ですね。中国だけではないですけど。

楊：管理の中で優先順位として一番大事なポイントは。

山本：スタッフですね。

楊：人間ですね。

山本：細かいことでも気になるように現場を見てないと。建築と

いうのはこのディテールが絶対にいい、なんてことはあまりないんですよ。相対的なものですから、いろいろ比較してみて、まあいいかなというようにディテールが決まる。だからいろいろと比較してみてほしいっていうのに、一つだけ模型をつくってこれでいいですかなんて言われても、こっちはこれに注意深くないと、なかなかいいディテールを思いつかないんですよ。多方面に注意深くないと分からない。

楊：情報の共有や連絡の伝達などはキーマンが押さえていればいいかもしれませんが、山本事務所の内部で誰がそういう情報を知る権利を持っていますか。

山本：それが、なかなかわが社もセクショナリズムになったりしているの。ほかのプロジェクトに参加したほうがいいと思いますよ。俺はこっちのプロジェクトをやっているから、関係ないではないでしょう。プロジェクトの中でも、こっちのディテールをやっているやつはぜんぜん違うことをやっているなど。そうなっているところもあります。

楊：互いに見ていたり、議論したりしたほうがいいでしょうね。

山本：そのほうがいいよね。

楊：それだとかなり充実していますね。

山本：でも、誰だって打ち合わせに参加したほうがいいと思いますよね。だから打ち合わせには口を出さないでね。

◆スタッフそしてプロジェクト

山本：スタッフの構成でプロジェクトを進めるかというのは仕事ごとにバラバラになるからね。忙しいときにはすでに事務所を独立した人に手伝ってもらったりしていますけど、定期的に外部のスタッフを中に入れたりすることをなさっていますね。そのキャッチアップというか、事務所を出たOBたちですね。

楊：あれば呼ぶという感じですよね。

山本：仕事の仕方はcase by caseですけどね。あるディテール

楊：など、若い人たちばかりでできないので来てもらうな
　　どです。やり方はいろいろですけどね。
山本：関係者の間でも十分なコミュニケーションを項目にあ
　　げていますけど、例えば下の人たちで済む話には参加し
　　ないですか？何でも聞く派ですか？
楊：ある程度任せます。建築設計は相当いろいろな人たちと
　　会って話をしないといけないけれど、全部に参加すること
　　はできないですからね。防水の収まりをどうしようかと
　　いう時に、必ずしもその話に参加するわけでもないし、サ
　　ッシの収まりをどうしようかとか見付け寸法をどうしよ
　　うかなど僕が参加することもあるし。全部には参加しな
　　いです。
山本：かなり任せていますよね。
楊：それは所員たちにとってはいいことですね。わかりました。

◆スタッフはどんな存在ですか？
楊：スタッフとはなんですか。改めて今言うとしたら自分
　　の手の延長みたいなことですか。
山本：いや、そんなことないですよ。全然違う人ですから。いわ
　　ば付き合っていてこちらが刺激を受ける人ですよね。
楊：やっぱり欠かせない存在ですね。
山本：いなかったら仕事できないですよ（笑）。
楊：すごく大事にしていますよね。
山本：大事にしているかどうかは意見が分かれるところかも
　　しれませんけど（笑）。大事にされてないよという人も
　　いるかもしれないし。どんなことでも責任は持って
　　もらいたいと思うけどね。
楊：それがその人の為になる。
山本：その人の為になるだろうし、為になることが目的ではな
　　いけどね。いきなり全責任を持ってもらわないと小

さい事務所では成り立たないわけですよね。
楊：リーダーシップの中で権力を下の人に与えるというの
　　は勇気がないとできないと思いますよ。権力を下の人に与えるこ
　　とがなかなかできない人がいるみたいですけど。
山本：それは権力ではないです。彼が責任をもってやるときにどうや
　　ってやったら良いか決めるのはその人で、それもネッ
　　トワークみたいになっている事務所ですから、そいつ
　　が中心でツリー状というわけではなくて、一緒にほか
　　の人たちもっとネットワークみたいな感じで重なっていますね。穴
　　が開いてもすぐ修復できる感じでしょうね。
楊：みんなメッシュみたいな感じで重なっていますね。
山本：その為には、それぞれの人にコミュニケーション能力
　　がないと上手くいかないわけですよね。
楊：いかに、スタッフが大事かということがよくわかりました。

◆影響を受けた人物
楊：影響を受けた人物や事件などはありますか。さっきは学
　　生運動、民主主義などが出ましたが。
山本：原さんには最も影響を受けています。
楊：具体的にどのような部分で。
山本：原さんもいわば戦後民主主義ですよね。僕よりも10ぐら
　　い上だからもっとどっぷり、戦争が終わったときに9歳だ
　　から……。
楊：原さんとの具体的な……。例えば集落の調査で収穫し
　　たものなど。
山本：原さんは大きい目で見るような、例えば集落の調査
　　という時に、それを外側の大きい目でもう一回解釈し
　　てくれるという。
楊：ビジョンが大きいということでしょうね。建築は宇宙までカバーし
山本：見る目が非常に広いですね。

楊：そうですね。そういう人がいたほうがいいですね。

山本：それはすごく重要でね。本当に困ると原さんにときどきお会いしますけど、原さんのいうことを聞くと本当に安心するときがあるんですね。なるほどなぁって。原さんがちょっと言ってくれることが僕が論文を書くときに様々なヒントになって、國論などをいろいろ書いたけど、原さんと喋っているから書けたというところもありますよね。

楊：血が繋がっているような感じ。

山本：血は繋がってないけどね。

楊：ような。

山本：それともちょっと違いますね。視野の広さというか、人を解釈する能力というか、原さんと伊東さんが、そういう能力がものすごくある人ですよね。昔、原さんと伊東さん、石山さん、僕、高松さんの5人で合宿したことがありました。伊豆の原さんが設計した夢舞台という別荘があって、そこで本をつくるために3日間ぐらい合宿したのかな。

楊：どういうような内容でした？

山本：相互批評といって、伊東さんと高松さんが石山さんの建築を批評したり、原さんと伊東さんが僕の建築を批評したり、二人セットになって批評する相互批評というのをやりました。

楊：面白いですね。

山本：その時、原さんがそれぞれの建築家に対して、これから向かうべき方向を暗示するような、いわばキャッチコピーをつくったんですよ。伊東さんには「自由への構想力」高松さんには「世界風景の創造」石山さんには「精神世界の」というような、なんだかかっこいいなあというようなキャッチコピーをもらって、そのときみんなすごく盛り上がったのを覚えています。原さんは非常に論理的に人を乗せるのがうまい。占い師さんの能力、テクニックの持ち主ですね。また、すごく言語の豊富な人ですからすごく濃い言葉ですよ。僕はね、「パフォーマンスの記念碑」といって（笑）俺はこういう風なものを作りたいと思っているのか、すげぇなと（笑）。

山本：原さんの建築を見ていても、なかに要素がいっぱい入っているし、空間のバリエーションがすごく多い印象があります。

楊：原さんのつくるもの以上に、原さんの持っているイメージがものすごく豊かですね。あんまりイメージが大きすぎてそれが建築になるときにそのまま実現できないのではないかと心配なくらい。もう実現不可能なくらい、広がっていく。だから原さんの建築が面白いものとしてまとまっているときに、アートワークみたいなものとか。それくらい自由なほうが面白いですよね。建築は不自由ですから。限られたなかで。

山本：そうですね。

楊：そのとき原さんのイメージは建築を遥かに超えて、膨大なイメージが頭の中に渦巻いているのだと思います。素晴らしいですね。

山本：はい。作品を批評するときにすごく豊かな表現をしますよね。例えば面白いと思った人が嬉しくなるような言葉で、批評された人がこの本は山本が思っているようなそんなおもしろさがこの本にはなくて、もっと面白いという言い方をするようなそんな言い方を原さんにお送りしたことがあるのですが（笑）。そうすると送った人も嬉しいでじゃないですか。

楊：そうですね。

山本：それになぜ面白いかって解説もしてくれる。いいですか。

楊：それがまた面白い。

辻：ちゃんと見ていますよね。ただただありがとうより全然嬉しいですよね。意識が

山本：そう、前に前に前に……。そう、前に前に、その人が元気になりますよね。そういうことをやれる人ですよね。だから原研からはいろんな建築家が育ちますよね。

楊：いっぱいいますよね。

辻：脳みそが3次元の感じが。普通2次元だけど。

楊：もっと多次元だと思いますね。

山本：京都駅しか頭に浮かばなくなってしまった（笑）。

楊：原さんの自邸。あれはすごいですよ。

山本：あと他には、同じような影響を受けた人はいますか？

楊：伊東さんからもすごく影響を受けています。

山本：これも具体的に言っていただければ……。感性がすごく豊かな人ですよね。

楊：はい。感性だけの人ではないですよ。むしろ僕以上に社会派ですね。周りから思われている以上に。社会派的要素が強いのではないかな。時にはすごく戦闘的だし。相手が誰であっても、どんな場面でも間違ったことはその場で指摘します。そんな場面に何度か遭遇しましたけど、こっちも結構緊張します。

山本：貴重ですね。

楊：そのときの雰囲気によってなかなか言えないじゃないですか。普通の人は。

山本：僕に対してよく言いにくいことを言うってけど、逆ですよね。周りに対してもすごく気を使うと思います。伊東さんのほうがすごく厳しいことを言うと思います。逆な話だけど、前に熊本でアートポリスの仕事をしていてね。伊東さん、安藤さんもいたかな、それでみんな集まって、熊本県の行政の人もいて、みんなで酒を飲んでいました。建築家ばっかり集まってわぁーっと騒いでいる、伊東さんが、ちょっと行って来るからと言ってお酌しに。

山本：僕も慌てて持っていって（笑）。建築家同士で盛り上がっちゃっているから、県の人たちはしらけているわけですよね。そういう時にちゃんと向こうの人を見ている。すごくきめ細かいですよ。見習わなくちゃ。ぜんぜん違う話に……（笑）。

楊：建築仲間としては小嶋さんとも良く付き合いますね。小嶋さんは僕より年下だけど非常に冷静で上手くて。

山本：すごく似てる人ですね。

楊：かなり分析の手法がパターン化になっていて上手くて。それをやれば大学受かりますよって言っていた（笑）。それをそのまま建築に持ってきているってことです。

山本：すごくパターン化ですよね。時には僕よりもはるかにシステマティックですよね。

楊：すごくうまいですよ。ああいうプロセスの表現というのは分かりやすくて、こんなにあるという手法をうまく使います。表現でもああいうプロセスの

山本：彼ね、大学受験の時に、今までの試験問題をみてパターンをつくったと言っていました。何十種か、何百種か。

楊：へぇー。それをやれば大学は受かりますよって言っていた（笑）。

山本：こういう話が一番聞きたかったですよ。どこの本にも載っていないですから（笑）。

◆挫折からの解消法

楊：挫折からの逃出作戦（笑）。名前の通り、やられたり、人に笑われたり（笑）コンペで落ちたり、どうやって解消するのでしょうか。

山本：それはすごく簡単で忘れることですね（笑）。

楊：どうやって。

山本：とにかく忘れる。

楊：考えないってことですね。映画を見て泣いたりすることがありますか。

山本：割に涙もろい方かも知れませんね。あとは酒でごまかす。
楊：お酒はいいですね。
山本：あと引かないし。
辻：得意ですね。
楊：分かりやすいですね。

◆ 一日の時間の使い方

楊：一日の時間の配分はどういう風にわけていますか？
辻：朝、マラソンしますか？（笑）
山本：そんなことしません。
楊：早起きですか。
山本：朝はわりに早いですね。7時ぐらいかな。結構、朝はグズグズします。風呂に入ったり。
楊：読書していますか。
山本：読書は寝る前ですね。それと飛行機の中。前の日の読みかけたのを読む。
楊：大体会社に来るのは何時ぐらいですか？
山本：10時くらいかな。
楊：昼寝をしますか？
山本：寝てしまうことありますけどね。打ち合わせして寝てしまうことがある（笑）。打ち合わせ始めると眠くなってしまいます。
辻：それ、相手が悪いですよ（笑）。
山本：相手が悪いですね。
楊：そうですね。帰宅はいつ頃でしょうか。
山本：決まってないですけど、11時前には帰るようにしていますか。
楊：大体いつもそうなってしまいますよ。
山本：11時前に帰れないですね。
楊：毎日ハードですね。
山本：毎日ハードです。
楊：磯崎さんの話を聞いたら、そういう意味では、毎日決まった時間に本を書いたり、決まった時間に打ち合わせをして、決まった時間に寝るそうです。
山本：僕はそんなことにとってもできない。勤勉ではないですから。一番苦手です。
楊：何でも心配してしまうタイプですか。
山本：計画性ないですからね。朝来てまずその日書かなくちゃいけない原稿を書いて、原稿のチェックなどしてそのあと、現場に行ったり、事務所にいるときはスタッフやコンサルタントの事務所などとの打ち合わせですね。
楊：なるほど。
山本：今は週一回現場に行って、大学に行くこともあるし。毎日毎日が決まってないですね。

◆ アイディアが出る場所

楊：アイディアがいっぱい出てきそうな場所は？
山本：そんな場所があるの？（笑）
楊：たとえばお風呂などは？
山本：模型の前などではない。
辻：一人になるスタッフと話をしているときですね。
楊：やっぱりスタッフと話をしているときですね。
山本：ひとりになる時間は大切ですよね。誰かと一緒にいるときの方がよっぽどアイディアが浮かぶ。

◆ 充電する場所は？

楊：疲れたりスタミナがなくなっているようなときは、どこで充電しますか？
山本：寝るのが一番いいですね。
楊：後は何か方法ありますか？読書など。
山本：酒飲むのがいいかな。
楊：忘れてしまいますよね。
山本：とりあえずはね。

◆家族について

楊：先ほど原さん、伊東さんが出ましたが、家族についてはどうですか。自分をすごく支えてくれているところがあります。

山本：家族に対しては自分が思っていたものと違うところ、誰でもそうだろうけど家族ってこんなものでしょうと思いながら生活していますね。

楊：例えば：

山本：僕は子供の頃、親父が早くに亡くなっていなくて、弟とお袋と祖母が一緒にいて、お袋の妹も一緒に住んでいました。めちゃくちゃでしょう。

楊：大家族ですね。

山本：大家族という程でもないけど。それで僕のお袋の妹っていうのが精神的にちょっと障害がありました。でうちの祖母が心配でずっと育てていたわけですね。ある日、その人たちと突然一緒に住むことになって、そういう結構おもしろい家族でしたね。テレビのチャンネル争いを弟ではなくて、その叔母さんとやるわけですね（笑）。

楊：おもしろいですね。

山本：ちょっと障害があることはぜんぜんわからない。僕の家族はぜんぜん違うなと思っていました。ほかの家のというのはそういう人たちでしたけど、みんな普通の家族だろうなって。

李：5人家族？弟と……。

山本：5人ですね。家族であるようなないような。一緒に住んではいますけど。僕と弟と母親が家族で、居住単位で言ってみると。祖母と、叔母と。

李：仕事はお母さんだけ。

山本：母親は薬剤師でしたよね。みんなその母親に頼っていた。変な家族ですよね。でもね、たぶん、誰でもそうなのだと思いますが、何となく理想の家族像のようなものを持っているのだと思います。その理想の家族像と自分の家族を比べて、自分の家族は特殊だと思っているんですよね。そういうことに大分後になって気がついた。自分の家族だけが特異だとずっと思っていましたね。それが住居論などを書くきっかけになったのかも知れません。

■最後に……

楊：最後になりますが人生の中で最も重要なことはなんでしょう。

山本：いろいろ答えた気がする。

楊：そうですね。たぶん、先生の人生はほとんど建築一筋だから……

山本：そういわれると寂しいね（笑）

楊：一筋の人のほうが信頼できるというか、あまりにもあちこち転々としている人は結局何もできない気が……

山本：どうでしょうね。わかりませんよ。とりあえず一番重要なことって建築をやっていることですよね。作品に対してお気に入りの作品や今やっている作品など近いものの方が好きですね。これからできることが一番いい。福生と横須賀がこれからできる。今度の展覧会に出す建築ね。

楊：感情移入しないといいものを作れないと先ほどおっしゃいましたが、どういうつくるときには感情移入していますか。

山本：毎回毎回つくるときには感情移入していますよ。それはどういう感情移入ですか。最初の頃とはっきりしてないと思いますよ。

山本：プロジェクトのスタートの頃？
楊：はい。
山本：たしかにそうですね。だんだん作っていくに従って形が頭に描かれるようになって、どんどん深まっていく。美術館だって、地形が特殊な地形の中で上手く収まっていると思うし、自然光が入ってくるような美術館なのです。今までの美術館とは違う展示ができるだろうし、全然違った使い方ができると思うけれど、あとはキュレーターがどう使ってくれるかですね。
楊：なるほど。今までの会話の中でたくさんキーワードを聞いてきましたけれど、美術館に対しては自然光、住宅に対してなにが重要など、違う空間の機能に対して山本先生の中で押さえているポイントみたいなものはありますか？
山本：公共建築っていうのは、用途が決められちゃっていますよね。学校なら学校、病院なら病院と全部決められています。決められたビルディングタイプになってしまうわけです。それをできるだけ広げられたらいいのではないかと思いますよね。せっかく美術館をつくるのですから、中でコンサートをしてもおもしろいだろうし、他にもいろいろなことができたほうがおもしろいのではないでしょうか。
楊：付加価値？
山本：逆転したっていいと思いますね。結果的にコンサート会場になってしまったけれど、絵も飾ってあるというのだって全然構わないわけですよね。
楊：既存の枠を取り外して……
山本：既存の枠というのがたまたま決められた枠でしかないけれど、そういうものはいつだって変えられるわけですよね。変えられるように建築を作っていけば、建築を使っておもしろいことがいっぱいできるはずですけ

どね。
辻：建築は使いこなしてもらってこその存在ですからね。
楊：先生の建築のルーツなど様々なお話を頂戴できました。ありがとうございました。
山本：ありがとうございました。

伊東豊雄さんに聞く「山本理顕」

Toyo ITO

1965年東京大学工学部建築学科卒業
1966-69年菊竹清訓建築設計事務所勤務
1971年株式会社アーバンロボット(URBOT)設立
1979年事務所名を株式会社伊東豊雄建築設計事務所に改称
現在、上記事務所代表取締役
2006年王立英国建築家協会(RIBA)ゴールドメダル受賞など他多数

■お二人の関係は?

楊：まず、伊東先生から見た、山本理顕という人との関係を。

伊東：あぁ、もちろんそうですよ。僕の側から見ても、結構、大親友というような感じなんですが。

楊：いろんな、仕事以外にもプライベートの時間も、一緒に共有したりするんですか。

伊東：お酒ですね。まぁ、最近は少々ゴルフもあるかな。あんまり言うと、スタッフの人に怒られそうだから。

楊：僕が、悪の道にひきずりこんだという風に、思われてるらしいから。

伊東：山本先生から、お酒の良いところ……。きっと楽しいだろうというような、信念も伝わってきたので。

楊：まぁ、本当に山本さんとお酒飲むのは、僕は一番楽しい

ですね。

伊東：そうですか。

楊：飲んで、歌って(笑)。

辻：踊って(笑)。

伊東：いや、踊るまではいかないけど、飲むときにどんな話をなさるんですか。

楊：やはり、仕事の話以外でも、飲むときにどんな話をなさるんですか。

伊東：建築の話が、まぁ半分。最近は、ゴルフの話が2割ぐらい。野球の話が、残りの2割ぐらい。あとはまぁ、どうでもいい話(笑)。そんな感じかな。

楊：よく(笑)。だから、関係の定義づけといったら、山本さんはストレートボールで、僕は、どっちかと言えば、曲がる球。曲がるボール。

伊東：フォークボールと言いたいの。その辺は、まぁ。その恩師、原先生に(笑)。

楊：その辺は本当に、山本先生は曲線といっても、統計的に言ってしまうと、曲線は少なくて直線のほうが多かったりして。

伊東：そうだよね。

楊：で、例えば、先生のほうは本当に曲線のほうが多かったり。

伊東：レートボールが100球投げるとすると、山本さんの場合はストレートボールが70球から80球、あるんじゃないかな。僕は、半分は曲がるボールだと思うんだよね(笑)。

楊：なるほど。そのさらに裏で、性格でも同じことが。

伊東：そうですね。あの人は単刀直入というか、ストレートで。僕はちょっと、曖昧に濁す方だからね(笑)。だからそれで、いい関係ができるんでしょうね。両方、ストレート勝負になっちゃうと、ぶつかっちゃうからね。

楊：山本先生との出会いはさかのぼると、いつ頃になるんでしょうかね。

伊東：最初に出会ったときっていうのは、あんまりよく覚えていないんですが。まぁ、作品としては山本さんがデビューで作られた、山川山荘だっけ。なんか、あの初期のいくつかの、一番最初に発表されたのはよく覚えてますね。

楊：なるほど。

伊東：ただ、山本さんと出会ったなぁというか、親しくなり始めたのは、それこそ原さんを介して、「建築文化」の別冊を編集するために、相互インタビューというのをやったんですね。原さんと、石山修武さんと高松伸さんと、山本さんと僕とで。

楊：はい。

伊東：それで、お互いの作品を見ながら、相互に語り合うという。で、その頃から急激に話をよくするようになりました。

楊：それが何年だったかな。ロトンダは出来ていた。その間ぐらい、ハムレットが出来るか出来ないかぐらいだったと思いますね。

楊：なるほど。

伊東：そうすると80、87か……。80年代半ばぐらいだね。

■作品を創る時の原点、建築に対する考え方でのぶつかり

楊：その頃、5人で集まって何か書こうとしているとき、両者とも文章は多いんですけれども、思想的なぶつかりというのは結構あったりしたんですね。作品だけじゃなくて、作品をつくるときの原点にある、建築に対する考え方とか。

伊東：えっと、山本さんはその当時から、家族とか社会の構成しているような要素であるとか、そういう社会的な側面に興味があって。僕はその頃は、まだすごく空間派というか、

どう言ったらいいかそういう社会的な問題よりは、どのような空間を作るかっていうことのほうが興味があったので、多少ずれてたと思いますけれど。まぁ、山本さんの影響もあると思うけれども、80年代のその半ば頃から、生活の論理が建築をもう一度再構成するべきだと、思うようになりましたね。これは、山本の影響は結構あるんじゃないかな。

楊：なるほど。

伊東：はい。あの、僕は藤井邸を見てすごく感動したんですよ。闘の、ああいう空間のモデルというのは。僕も、その頃シルバーハットを考えようとしていた時期なので、シルバーハットの初期には、あの藤井邸の爽やかさみたいなことは、すごく僕もやりたいなと思ってました。

楊：やはり、相手の作品を見て感動して、この人に対して好感度アップ、その人を好きになるようなプロセスですかね。

伊東：やっぱり我々は、まず、物をみて、作品でその作品に対する印象っていうのがすごくあって、それを作っている建築家ということで、二段構えで親密になっていくという（笑）。まず作品があって、人にいくっていうのが多いと思いますね。いきなり、まぁ人としては親しいけれど、作品は嫌だっていうのもいるけどね（笑）。

楊：基本的には、ライバル意識の方が多いと思いますが、特にコンペやるときに、こっちが勝ってたら、向こうが負けたりする。というのは、現実の話じゃないですか。普段でも、友達同士、親密な間柄だと何でも話をするじゃないですか。仕事の話になっちゃうと、もしかして自分のアイディアを他の人に取られてしまうような、警戒してしまうんじゃないかと思うんですけど、山本さんと山本先生の間にはそういうのはないんですか。

伊東：ないですね。ほとんど。山本さんにも負けたことは何

伊東：度かあるし、邑楽町なんかもそうだったし、でも、あんまり悔しいとは思わないよね。

楊：なるほど。

伊東：まぁ、そういう負けて、こいつにだけは負けたくないだって思うときもあるんだけど、山本さんとはそういう印象は持ったこと一度も無いですよね。負けても、あぁ負けたなっていうようなぐらいしか。

楊：山本先生でも伊東先生でも、わりとすごい斬新なスタイルとか、プランしてくるじゃないですか。

伊東：はい。

楊：そうすると、重なるところはまず無いと思うんですね。片方、どっちでもいいんですけど、こっちになりました、こっちになりましたっていうんでもよいし、どちらも納得しましたっていうような考えなんですけれども、当然、同じ様なものが出来ちゃうと、負けたらちょっと悔しいかもしれないですけど。

伊東：そうですね。同じコンペティターとして争っている時よりも、片方の審査員で片側が応募して、俺のが何で最優秀賞にならなかったんだ、あいつが審査員しているのにっていうのは、思ったり思われたりしてるんじゃないかなっていうのはあるんじゃないかな。

楊：なるほど。

伊東：例えば、横浜の客船ターミナルの時なんかは、僕が審査員で最後の3つに山本さんは選ばれたんだけれども、最後、アレハンドロの案を選んで。

楊：foa。

伊東：あれは結構、山本さん後々まで文句を言っていた（笑）。あれを見て、すごく納得したのは、foaさんの作品って伊東先生に近い、共通点みたいなものがあるんじゃないですかね。だから、気に入られてたんじゃないかなっと思ったんですが。

岩出山町立岩出山中学校／1996

©藤塚光政

伊東：そうですよ（笑）。

楊：外部者だから、気楽に言ってしまったかもしれないんですけど。すごく納得しました。

伊東：わぁ、そう言っといて(笑)。

楊：やはり、人はそれぞれの良さがあって、世の中おもしろいと思うんですよ。

伊東：もちろんそうですよ。

楊：まったく、同じ人だと好きにならないし、話そうと思わないですよね。きっと。

■お二人の親密度

楊：山本先生との親密度っていう（笑）。これはどうしても、聞きたい理由っていうのは、普段、こんなに親密に仲がいいんだよっていう、だからこういう話までちゃうというようなことをだいたい記してとという傾向があるんですけれど。

伊東：男女の仲だったら、本当の恋人っていうか（笑）。結婚するかもしれないぐらいの（笑）。それぐらいの親密度じゃないかな。

楊：はい。では、かなり納得。

伊東：本当に今、周りにいる建築家で山本さんとお酒飲んでるのが一番楽しいし。気が置けないっていうのもあるし、山本の誠実さみたいなことも気に入ってますし、建築に対する生真面目さみたいなのも、ものすごく共感が持てるし。

楊：全面的に山本先生って誠実で、すごく真面目で、自分の考えてることを全面的に追求するっていう感じですよね(笑)。

伊東：そうですね。

■山本理顕の魅力

楊：山本先生の印象、人としての印象っていう。誠実っていう、まっすぐの部分をおっしゃったんですけど。それ以外でもなにか、人としての魅力って感じることがありますか。

伊東：うーん。そうね。まあ、たぶんスタッフの人からすると、すごくかわいい人なんじゃないかと思うんですよね。

楊：はい。

伊東：それは今、あなたがおっしゃったような、なんか本当に自分が言っていたら、違ってたなっていう風に言えるし、言えるようなタイプの人だし。スタッフとの間の、ヒエラルキーもないし。

楊：それは、スタッフさんにとっては、最高の人だし。指導者というか、なんというか。

伊東：それにその、一緒のチームで物を作るとき、考えていく時には若い新人のほうがいいアイディアが出ることがたくさんあるわけでね。そんな、威張ってるっていうか、俺のいうことを聞けって言ってたら、絶対いいものが作れないんですよ。

楊：はぁ、そうですね。

伊東：だから、そういう柔軟さというかはものすごく重要なことでね。

楊：だから、そういう柔軟さというか。

伊東：ただ外に対して、クライアントでも役所でも、本当にきちんと自分の思っていることは言える人でね。それは尊敬してますね。

楊：本当に建築家って素直であったほうが、いいと思います。

伊東：まさにそう。そうじゃないとだめですよ。やっぱり、一人でできる仕事じゃないからね。

■作品の印象

楊：山本先生の作品に対するような印象を、具体的に例を挙げて言っていただければ。

伊東：そうですね。だから、僕はさっきお話した藤井邸っていうのが、一番最初にあってすごく爽やかでいいなって思って、そこからガゼボ、ロトンダ、ハムレットとかそういうアジア的というか、そういう作品を次々と発表した時代に、僕もすごくこういう建築を作りたいなっと思って、シルバーハットとかちょっと傾向は違うけれどもとか作り始めたわけですね。僕は、広島の消防署が好きですね。あの建築はすごく良く出来てるし、良く出来ているって言うと偉そうだけど、中のアクティビティーと空間とがすごく合っていて、スケールも良いし、とても楽しい消防署だと思いました。後、もちろん岩出山の中学校とかも好きですし。最近だとなんだろうな。ここのところ、しばらく東雲以外はアルミのプロジェクトは見せてもらいましたね。えっと……、あとなんだろうな。あんまり最近のは見てないから。あっ、北京の。あれはすごいよね。

楊：建外SOHO。

伊東：そう。建外SOHOは。あれは、やっぱり山本さんのエネルギーっていうか、情熱っていうか、そういうものがひしひしと伝わってきましたね。

楊：本当ですね。あれに対してものすごく頑張っていらしたんですよね。

伊東：うん。よくあれって、ああいう場所であそこまで頑張ったなと思って。クライアントとの関係も含めてね。

楊：そうですね。そこが一番厄介というか。

伊東：そうですね。

楊：僕は北京の出身なんで、北京の建築界の友達が多いので、いろんな側面から、山本先生の話を聞きます。総合的な印象というのは、粘り強く、頑張り屋さんと、しかも徹底的に特にディテールのほうを頑張り決める。中国も施工図を書かせるじゃないですか。施工図を書く人たちが、参ったというぐらい細かく書かせるなので、そのおかげでいいものができるんじゃないですかね。

伊東：そうですね。すごく、大変だと言っていましたけど（笑）。

楊：向こうは、どうしても施工の技術とか、職人さんは日本と違ってて、日本は長年経験を積んでいってやっている職人さんのほうが多い。向こうはもう、出働きの若者、何も知識も教養も無い人が、いきなり現場に入っちゃうから、そうすると、レベルがぜんぜん違うじゃないですか。それを短期間で面倒見るときに、丁寧に詳しく教えてあげないとなかなか出来ないですね。かなりついてて、今、中国でも断トツで一位のプロジェクトでして。

伊東：ああ、そうでしょう。

楊：まあ、クライアントのほうも上手い部分があって、選定のほうが非常に良かったプロジェクトだったなっと思いますね。それから、はこだてよりは、僕は埼玉県立大学のほうが、僕は完成度が高いと言ったら怒られるかな（笑）。僕は、どちらかと言えば埼玉のほうが好きなんですけれども。あの、はこだてはちょっとなんか、ヒューマンなスケールを超えているような部分があって、埼玉のほうが穏やかだな。埼玉県立大学は、すごくデッキの上のスペースは上手くいってる。

楊：あれを、北京でも実現しようとしてやってたんでしょ

伊東：ね。たぶん、天気の問題で今見ていたら、うすい汚れがついているような。白を使っているからかもしれないですが、緑も多少汚れて見えちゃうんです。そうじゃないと非常にきれいに見える、ちょっと残念ではあるんですが。雨が降れば、またきれいに見えるという。

楊：うん。そうですね。だから、こうやってずっと見ていると、80年代の半ばぐらいのテントの屋根がついていたり、岩出山では少し落っこちてきて、それ以後、なくなって、グリットだけが残っていっているように、変わっていくわけだけれども。僕はもう一回、その今のグリットを通った先に山本さんが、どうやってあのテントみたいなのをもう一度出してくるのかなっていう、そこにすごく期待と興味を持っています。

伊東：山本先生に対する期待というか、今、言ってもぜんぜん構わないんですけど。やはり、人を好きだから期待感も膨らむんじゃないんですか。

楊：うん。その、なんていうかな。山本さんの意味っていうかな。原さんと民家をまわって一緒にサーヴェイしてまわって、建築というよりみんなが集まって暮らすことの手立てとしての装置みたいなものね。それが、山本さんの建築を作っていて。でもそれがだんだん洗練されていったときに、きれいなグリットに変わっていって……。でも、それでは、山本さんは終わらないんじゃないかなっと、僕は思っていますし、僕の期待も含めて。

伊東：なるほど。

楊：もう一度、なんかそういうソフィスティケーションを通過した後、山本さんがどういう風に、もう一回荒々しいものを引き出してくるのかなっていう。そこが一番楽しみだと思いますね。

埼玉県立大学／1999

©大橋富夫

■お二人の違い

楊：今の話でいうと、伊東先生も初期のときにテントとか膜を使っている作品があったじゃないですか。

伊東：はい。

楊：だから、出発点の原点はわりと共通点が多くて、だんだん発展していくと、離れていって。で、コアな部分は共通しているなというのは、非常に分かるような気がして。先ほど離れたときも、こちらで話していたんですが、伊東先生のほうは、建築、空間、人の行為みたいな自由を求めているような、傾向が見られるんですが。僕からみると。

伊東：人の……。

楊：人の自由な行動を、建築の中で導いていくような、例えば、後ろの作品のように。で、山本先生のほうは、社会問題とか何々関係の再チャレンジみたいなものが、もっと感じるんじゃないかなっと。

伊東：あぁ、はい。

楊：自分は勉強不足かもしれないんですけど、そういう風に感じています。先生はそういう風に感じていらっしゃいますか。

伊東：そうですね。そうは言っても、建築的に考えていることは相当違うような気もするんで。僕は、山本さんとは別の意味で、場所ということに興味があって、建築を作るより、場を作るんだよっていう風にいつも思っているんですよね。で、僕のそのイメージしている場所というのは、自然の中を歩いているときに人間が本能的にいい場所だって。で、そのいい場所なのかっていうのは、何をするためにいい場所だっていうのがあると思って、瞬間で。一人で寝ようと思っていい場所

東雲キャナルコート／2003

©山本理顕設計工場

伊東：とか、みんなで話をする時にいい場所とか、場所の選び方は変わると思うんですけど。その、そういう場所を、人工的に上手く作りたい。は嫌だって場所が本能的に動物として、あるわけで、

楊：なるほど。

伊東：それがあれば、それで建築が無くても十分なんだって思っていて。でも、それを現代建築って言うのは、なかなかそうはいかなくて、空調もなくてはならないし、雨も防がなくてはならないっていう。まぁ、そんなことは本当はしないほうがもっといい場所なのにって、思っているわけですよ。最低限のことをするだけが、本当は一番いいんだけれども、もうちょっと余分なことをしなければ建築にならないっていうのがあって、それがいつも辛いなぁと思っているんだけれども。そういう幾つかの、場所を連鎖させていくっていう。ただ並べていけばそれが一番いいっていう、建築というより、建築になるちょっと前の段階みたいな、前状態みたいな。それをできるだけ、阻害しないようにどんな屋根を架けたり、壁を建てたりしていけばいいのかってことを考えるわけですね。

楊：なるほど。

伊東：そういうところを、イメージを話していくと、たぶん、山本さんはよくわかんないけど、おそらくまた違う、彼の考えてる場所というのは出てこないはずで。だからそうでないとそのグリットというものでないかと、その、山本さんの考える場所の作り方と、そのグリットとの関係っていうのはちょっとよくわかりません。

辻：例えば、先生のメディアテークを山本先生が訪れて、いろいろ見てああだこうだっていうのは、いろいろお話をされていると思うんですけど。

伊東：あぁ……。

辻：美術館のプログラムを見せていただいてたんですけど、はっきりそういうプログラム的なこと、まったく根源的に違うと思いますし、それを語るには、もう半世紀分語らないといけないぐらいの話なんで、例えば、単純に二人でメディアテークひとつがテーマになった時に、どんなお話があったのでしょうか？。

伊東：山本さんはたぶん、せんだいであの文章に書いてくれていたことは、そのなにか、プロセスが大事だっていうことだと思うんですね。

辻：はい。

伊東：ええ。まぁ、いろんな対立もあったし、いろんな人たちが協力してくれたりっていうのがあって、そういうプロセスの中で建築が育っていったってことに対して、山本さんは一番共感を覚えてくれたんじゃないかなって思ってますね。だから、そこで出てくる空間そのものっていうのは、これは本質的に違うんだよ（笑）。それはなかなかこう、クリアに語られないものなんだけど、その部分っていうのはまぁ、相当違うでしょうね。

楊：そうですね。

伊東：それがなにによって、小さい頃の体験によってなのか、それとももっと成長してから論理的に構成されるものなのか、それはよく分かりませんけれども。

楊：山本さんの場合は、グリットっていうのはわりと、無媒介に最初から想定されているようなもので、そこにどういう風に彼のその生活というか社会に対する仕組みをそこに入れ込んでいくかという問題なんではないかなぁっと僕は勝手に推測しているんですけれどね。

辻：そこで二人の語りを聞きたいですね。

伊東：両方の話をもう少し雑な話になっちゃう（笑）。

楊：酒飲むともう少し雑な話になっちゃう（笑）。

辻：それくらいのほうが、緩やかでいいかも。

楊：本当に今、先生の話を聞いても……。

伊東：明日、また会うからまた飲みながらでもそういう話を聞いときますよ（笑）。

楊：本当にプログラムを作成するところは、お二人とも丁寧なんですけれども、人があとで使う人たちがもっと、いろんな使い方で出てくるだろうと思うんですけれども、機械的に作る装置みたいな、あくまでも目安、こういう風にできるんじゃないかという。あとは、みなさんに任せて、楽しみだよというのは二人が共通していることだと思いますね。限定するのではなくて、柔軟性をもたせることによって、もっと多様な場が生まれるんじゃないかという気がしました。

伊東：そうですね。山本さんの場合は、グリットっていうのはすごく抽象的なものでしかないんだろうね。

楊：前のアルミの同時に、最近のGAとか新建築とかに同時に載せていたじゃないですか。前のアルミの試作の第一弾みたいなやつでも、山本先生がグリット状のやつを出して、伊東先生ほうは曲線のっていうのは、ぱっと見てわかるという。

伊東：同時的にやるから余計、相手がグリットでくるならこっちは曲げでいこうみたいな（笑）。別の論理が余計に働いちゃうからね。

楊：なるほど。いい話をいろいろ……。そうすると、だんだん多くなってきている気がするんですが。そうすると、山本先生の名前聞いた瞬間、一番山本先生に対する思い出っていうか……。なにを一番……。

■山本先生との思い出

伊東：思い出……。

楊：そうですね。今まで長い間付き合ってきた、印象的な場面みたいな。

伊東：山本さん自身というよりは、さっきお話した藤井邸を何人かで見てもらいに行ったときに、ちょうどすごく夕立が来たんだよ（笑）。で、そのときにすごくあの家がいいなぁっと思ってね。これは、東南アジアだなぁと思ったんですよ。

楊：ああ……。

伊東：だから、そのときの印象は鮮烈に覚えてますね。思い出なんていうと、変なことばかり覚えているからさ（笑）。何かそれが妙な違和感があって、なんでここにタイルが張ってあるじゃない？なんでここに、タイルが、突然現れるんだと思ってね。青いタイルが、ちょうどそこでツルツル滑ってるんだよ（笑）。これはもう完全にカットだな。そこで飼ってた犬あとは、山本さんの家にときどき飲んだあと寄っていきませんかって言われて、夜遅くに押しかけたりするんだけれども、そういうときの山本さんの家族っていうのは、素晴らしいなって思いますね。本当にあの家にぴったりというか。

楊：例えば、具体的なワンシーンというか、ここを見ていいなぁというか、具体的な……。

伊東：なんかその、子供部屋があって、こっちにダイニングのスペースがあって、まぁ何かその空間と家族との関係が上手く用があって、お嬢さんがこっちにぴったり合っているっていうかな。そういう本当になんか日常的な山本さんのあのファミリーっていうか、そういう姿があってそれで山本さんのああいう主張がね、あるというところに、すごく説得力がありますね。

楊：なるほど。

伊東：単に理屈で言っているのではなくて。あとは最近ではまぁ、ゴルフをしているときの山本さんの姿はかわいいですよ（笑）。でもなんか、平日にゴルフに行くことにすごく恐縮してますね。

楊：あぁ、なるほど。

伊東：僕も最初はそうだったんだよ。だんだん、そのうち平気になってきて（笑）。

■共通しているところは？

伊東：ディテールとか、そういう技術的側面では共通点はないかもしれないんだけど、一番共通しているというか、お互いに少なくとも僕が山本さんに対して信頼している部分は、何らかの社会に対するフラストレーションとかね、まぁ、そういった衝動から、彼の建築のエネルギーが生まれているっていうことなんですね。で、そのことを僕は最近の若い人たちにはあまり感じることが少なくて、山本さんも何か盛んに最近の建築家はオタクだとかいってるでしょ？

芳井：はい。そういう講義をしています。

伊東：それで、オタクかどうかはともかくとして、僕もなんか自分の世界だけの興味で物を作っている印象があって、山本さんはやはり、社会は間違っているんじゃないかとかね。少なくても自分はそのことに対してすごく不満だとか、フラストを感じているっていうようなことがどっかにあって、それがエネルギー源になって建築のプログラムへの考え方に繋がっているっていうか、自分の内部の衝動がしっかりあるというということは、僕が一番信頼できる部分なんですね。

楊：なるほど。

公立はこだて未来大学／2000

©藤塚光政

伊東：うん。
楊：かなり、重要なことですよね。
伊東：物を作るっていうことは、これは僕の場合ですけれど、そういうフラストレーションもあるし、自分に対するコンプレックスみたいなのもあるし、なんか、そういうリアリティーがないと、想像力っていうのは生まれないんじゃないかなって、そういうことだけは大事にしなくてはいけないなと思っているんですけど。
楊：なるほど。山本先生のインタビューのときに出て、先生への質問を考えるときには出なかったんですが、非常に人とのコミュニケーション能力を大事に、重要視されていらっしゃる。
伊東：あぁ、そうね。
楊：先生と山本先生の交流もすごくスムーズにいってるんですよね。
伊東：そうですね。山本さんとはすごく、基本的に考えていることはそんなに違わないので、まぁ、話しやすいっていうこともあるし、すごく共感することが多いから、他の建築家の話をしていても、あいつは駄目だよなとか（笑）。どうしょうもないとか。そういうことですぐ盛り上がれるんだけど（笑）。自分のフラストレーションが、解消されてくる（笑）。そういうところがあるから、楽しいんでしょうけれども。

■ 山本理顕のコミュニケーション能力

伊東：それと、最近いろんなジャンルの人と、上野千鶴子を始めとして他ジャンルの人と一緒に仕事をすることが、山本さん多いですよね。そういうコミュニケーション能力ってすごくあって、僕なんかよりそういうのは、はるかに上

北京建外SOHO／2003

©山本理顕設計工場

伊東：手だなっていうのがあって。上手くコミュニケーションがとれてるなと思うんですが、それはもちろん素晴らしいんだけれども、事務所の中ではもう少し建築の世界の中に留まっているという感じがあって、そういうことを僕は望みたいですね。

楊：なるほど。

伊東：まぁ、余計な事だと言っておいてください（笑）。

■山本理顕にまつわる色々な話し

伊東：うん。いろいろな話ね。前の秘書の人から、うちの秘書が聞いた話で（笑）。前の植田さんと桜本さんって、電話でしか話したことないのに、すごく親しくて、いろんな情報交換をしているらしくて、知ってたらしいんだけど。山本さんがすごくコンビニ菓子が大好きでっていう（笑）。下のコンビニに行っては、何かこっそりお菓子を買ってきては、植田さんの机の上において（笑）。それで、腹が減るとそこにきては、食べにくるっていう風に聞きましたけど。

楊：まぁ、そういうのはうれしいし、かわいいなと思いますね（笑）。そういうのは（笑）。あと、そういうかな……（笑）。ちょっと照れて、あんまりこう若い女性と話したりしなかったのかな……（笑）見えるね。ちゃうようなとところがちらっと……（笑）。この人はって思っ

伊東：なんかこう、嬉しそうなんだけど、ちょっと恥ずかしそうな感じがあって、それがまたかわいいんでしょうね。あと、言いたい話か。あのね、ゴルフでね、かわいいんだけどさ。あの人のねドライバーショットを、最近はだいぶ改善されてきたんだけど、すごい几帳面なんですよ。あれは、ゴルフを見て山本さんってこんな几帳面な人だったんだって、再認識しましたね。

楊：はい。

伊東：もう、そのレッスンのときに、まず、グリップの握り方があって、僕はちょっと左利きなんだけど、まず普通の人だと右手でグリップして、左手を添えて両足をそのボールに対して立つ、それに対して左足を一歩、靴1足分ずらして、こっちを3歩ずらしてとか、いちよう非常にオーソドックスなマニュアルがいちようあるわけね。でも、その前にボールがここにあるとすると、ドライバーをここにおいて、素振りをしてそれからそこにいって、すっと入るわけですよ（笑）。後ろで、ちゃんとそのマニュアル通りにやるわけですよ。10人がいたら10人。ところが、山本さんは今でも、見てるとね息苦しくなるんだよね（笑）。緊張しちゃうこっちまで。

楊：そうですか。

伊東：いろいろまぁ、みんなそうやってると筋肉ってどんどん固まっていっちゃうのね。

楊：覚えちゃうんじゃなくてね。

伊東：覚えちゃうんでしょうね。こうやってやってるんですよ。もうちょっと言い加減にすっと入っていって、すっと打ったほうが筋肉が硬くなっていっちゃって、筋肉が硬くならないような

辻：几帳面っていうか、こうやってるあいだに気持ちを作っていくって感じなのかもしれないですね。いきなりふっとは入れなくて。

伊東：うん。ちゃんと打つべきだし、ちゃんと打てるはずだって思ってるんだね。僕なんかはね、まぁ、半分当たればいいやって。半分当たれば、当たることは当たるけど、正確な当たりでね。5割出れば上出来でしょうね。そう思って、ちょっといい加減だから。ミスショットしても何にも普通で。あの人は結構、悔しがるんだよ。何で自分はそれだけのことしてんのに、ミスったんだってね。ちゃんと反省する人なんですよ。だから、几帳面で生真面目なんですね。

楊：だけど、ゴルフって奥が深いんですよね。

伊東：ものすごい、微妙ですね。

楊：だから、同じグランドっていうか、場所でも打つ球の位置によってぜんぜん違ったり、変わったりするじゃないですか。だから、楽しめるっていう。そうすると基本は一番大事になってくるんじゃないですかね。打つ姿勢とか。（笑）

伊東：そういうこともあるけれども、それ以上になんか全体的な関係っていうかな。例えば、最近山本さんもずいぶん以前に比べたら、リラックスして打つようになったし、打つのも以前よりはだいぶ早くなったんで、その辺はもう気にならないんですけどね。その初期のころは、そうやって緊張が伝わってくるでしょ。それでね、人の3倍

い状態で。こっちまで筋肉が固まりそうになってね（笑）。それはいまだに、みんなでさりげなく言うんだけどね。うん。でもなかなかそのマニュアル通りっていうのが治らなくて、まぁいい意味でもあるんだけど、山本さんってこんな几帳面な人だったっけなぁって思いました。意外な話ですね。

アルミニウムプロジェクト／2004

© 大塚光一郎

楊：そうですね。

伊東：うん。そうするとね、こっちが余計に早くなってきて（笑）。そうやって、早くしてナーバスになってくるから、こっちが自分で崩れていっちゃうんだよね。これは誰のせいでもなくてまったく、自分のせいなんだけど、そういう関係で微妙に。プロでもね、そのまわる相手がスロープレーヤーだったりすると、それですっごく神経質になっちゃったりするらしいですね。

楊：そうですね。詳しいほかの人から聞きました。

辻：友人関係に例えると、どっちがわがままかわからなくなりますよね。

伊東：そうそう。すごい相対的なんですよ。

楊：本当に恋人同士のたとえみたいな（笑）。こんなところで……。しめてまた、期待というところを。

■山本先生への期待

伊東：期待はさっき話したように、もう一回山本さんが、プリミティブなところを、この先どうやって表現してくれるかなと。まぁ、ある種の荒っぽさみたいなことかな。そう思ってみるとガゼボの屋根とかね、ハムレットの屋根とかね、ああいうのはまぁ、大ざっぱなところもあるけど、すごく力強いものがあって、そういうなんか初期の建築に対する思いを。どうしても、年取ってくるとさきれいにすぐ出来ちゃうんだよ。技がつくからいろいろ、

位かかるのよ。そのドライバーを打つのにさ（笑）。そうするとね、僕はその、能天気なところもあるんだけど、結構、神経質なところもあって、そうするとこっちがその分早くしなくちゃって、気がせいてきちゃうのね。後ろで、混でる日なんか待ってるから。

だからそれは自分に対する戒めでもあるんだけど、そのソフティケーションっていうことは、日本人の得意技なんだけれども、山本さんに少なくともそこにはいってほしくないなって。もちろんそんなこと、山本さん自身も考えてないと思うけど、無意識でもそういうところへチームとしていってしまうから。まぁ、そういう野性みたいなこと、新たなる野性みたいなことを山本さんに一番期待していますね。

39

■建築史家 村松伸さんに聞く「山本理顕」

Sin MURAMATSU

1954年静岡県生まれ
東京大学建築学科博士課程修了　工学博士
東京大学生産技術研究所助教授、建築史、都市遺産・資産開発学中国清華大学留学、韓国ソウル大学・ハーバード大学客員研究員
『中華中毒』で第15回大平正芳賞を受賞

■出会い

楊：お二人の関係からまずお話いただけませんでしょうか？

村松：私は建築家ではないので、仲間というよりむしろ、年上の友人といった関係ですね。

楊：で、そのお友達になったきっかけというのは？

村松：きっかけは正確な時期は忘れましたけど。おそらく、熊本のアートポリスがきっかけだったんではないでしょうか？もうずいぶん前でしょ？

村松：そこで理顕さんが設計した集合住宅が、みんなから批判を受けていましたよね……(笑)。

辻：布団が干せないっていう。

村松：そう、あの干せない集合住宅です。あの批判をうけた後、実際に見に行ったら、すごく良かったのですよ、ぼくには。あの集合住宅を批判するひとたちの論点は、雨漏りがするとか、なんか建物はすべてがパーフェクトじゃないといけないっていう理想論にとらわれている。だけど、どだいパーフェクトなものがどこかにあるわけじゃなくて、重箱の隅をつつく様な感じの批判でした。もちろん、基準法違反はだめですが、布団が干せないというのは、批判の方向が違うと思ったわけです。

たしか、それは新聞による批判だったと思うんですけど、それじゃあ、その批判記事を書いている記者が本当にどういう理想の住まい像をもっているかといえば、全然無くて、おそらく断片的な情報で批判していたはずです。本当に空間とか住まいというものを、理解して評価する能力がない人だけによって、布団が干せないという局所的な点の批判があったんですけれども、それを実際に多くの住宅を見ている専門家のこちらが見ていくと、すごく感動したわけです。それでその記事をどこかの雑誌に書いたんですね。そうしたら、理顕さんからお手紙を頂いて、そういう評価というのは自分にとっては、すごく支えになるということでした。

それが契機となって、以来、機会がある度に、お酒を飲んだり、お話をするという関係がずっと続いてきたはずです。ただ、どこで出会ったか、ひとつひとつを記憶はしていません。

熊本のアートポリスの次に、理顕さんとの関係で印象に残っているのは、張永和さんとこの北京大学での邂逅でした。もう5、6年くらいになるかもしれませんが、中国で経済成長が一気に延びた時期、建設でもいろいろ盛り上がっていました。その際、中国のプレゼンスの拡大に呼応して、私も何かやりたいって、隈さんとで、北京大学の張永和さんのところで、日本人の建築家をお招きして、北京で建築を学ぶ学生さんたちに講演をしていただくというプログラム

楊：その講演には、学生だけでなくて、建築に関心がある起業家たちも多数来ていました。で、講演の後のパーティに、建外SOHOの社長のチャン・シンさんがいたわけです。彼女は、自分の建設会社の集合住宅でその年にコンペをやったけれどもみんな、会社に信用がなくて誰も、コンペに来なかったと困っていました。いまでこそ、この会社は超有名になってしまいましたが、当時は、伊東さんからもコールハウスからも、全然応答がなかったのですね。じゃあ、山本理顕さんはどうですか、と私が推薦したのですが、それから、北京での山本理顕さんの怒涛のような活躍が始まったのです。これが、記憶にあるふたつめの出会いですね。

村松：中国ではそれまでは建築家というのは、あまり表に出ることが無かったですよね。その点で言えば、チャン・シンとパンの二人の建築業界に対する貢献でしょう。初めて建築家を尊重できる立場に挙げたわけですね。ともに、彼らには宣伝の目的があったのでしょうけれど、大元になったのは、わたしが書いた『アジアンスタイル——17人のアジア建築家たち』（筑摩書房、1997年）だったと思います。その前の数年間、アジアのいろんなところに回って、いろんな建築家たちに会ってきたんですね。で、その結果が『アジアンスタイル』っていう本になりますね。

楊：話は若干それますが、理顕さんが関わるSOHOCHINAは、その後に、グレートウォール、万里の長城で、アジア各地から若手の建築家を集めて、別荘のようなものを作りました。それも中国、北京の建築家を世界に知らしめることになった契機だと思います。

三つ目のきっかけは、うちのところにいた、博士課程を卒業した李江を送り込んでというか、就職させてもらって一緒にお話をしてもらった（笑）。ですから、私は設計をやるわけじゃないからライバルでもないし、時々偶然であった時にお酒を飲んで一緒にお話をするという、なんか仲良しということです。それから後は何でしょう。この前、張永和さんと韓国の承孝相さんがギャラリー間で展覧会をやった際に、承孝相さんと張永和さんと僕とで3人で鼎談をしようと計画していたんです。たまたまその前の日にどこかで理顕さんに会って、じゃあ一緒に行こうと言って一緒にお話をしていたら、そうしたら、なんと偶然であった時にお酒を飲んで一緒にお話をしてもらうということですよね。それから後は何でしょう。この前、張永和さんと韓国の承孝相さんがギャラリー間で展覧会をやった際に、承孝相さんと張永和さんと僕とで3人で鼎談をしようと計画していたんです。たまたまその前の日にどこかで理顕さんに会って、じゃあ一緒に行こうと言って一緒にお話をしていたら（笑）。ですから、もうお酒まで行っているお仲間ですから、かなり僕らから見ると親しい関係でしょう。要はお酒を飲んでいたりすると、心の中に本当に考えていることを話してしまうなんてことがいっぱいあるのだと思うんですね。よくお話しすることで、建築以外のことではどんなことがありますか。

■山本理顕さんへの印象

村松：う〜ん。あんまり覚えてないですね（笑）。そう改まって質問されると。ただ、北京で生まれたということはすごく印象的ですよね。で、お母様が薬剤師だったんじゃないんですか。

楊：そうです。

村松：そうですよね。そのことはお聞きしてやはり、中国に対してすごく思い入れがあるということだと感じます。それ以外では、これは人づてに聞いた話なのですが、建築の設計に対してだけでなく、従業員、スタッフに対して非常に厳しいということでしょうか（笑）。

楊：よく聞きますね。

村松：はい、複数から聞きました。

楊：まあ、だけどそれは良い所と悪い所があるとおもいますよ。山本さんは非常にボス的なところがありますね。マッチョな感じがする。小さいけれどもマッチョな感じがしますよね。

村松：はい。伊東さんは、フェミニンな感じがしていて、ですからそういう時に下の人がどういう風にでていくかという問題があって、山本さんのところは、非常に一生懸命、兵隊のように働くというか、下の人が成長して行く感じでしょうか。そこで本当にいい人が出現するかというのは、僕は疑問に思っています（笑）。ただ、それはスタイルの問題だし、性格の問題ですからね。どちらがいいかという問題ではなくて、教育、アトリエ経営の手法でしょう。それに、人間って、同じことできないし、だからいいんじゃないでしょうか。重要なことは、ぶれないということで、同じ事をずっとやっていくということだと思うんです。あっち行ったり、こっち行ったりしないでね。そうい

う点で理顕さんはそれをうまくやっていて、しかもペイしている。したたかですし、それは尊敬に値すると思います。

楊：本当に大したところです。

村松：そうですよね。だから、それはボス的であることと、通じるものがあるかもしれないとも思っています。

楊：はい。何でも両面性があって……

村松：同じところから出ているような気がします。

楊：人としての印象をちょっと語っていただいたんですが、作品に対してはいかがでしょうか。

村松：ところが理顕さんはすごくいいんじゃないかね。もう1つ、尊敬しているのは、金にしたたかな中国人と対等につきあっているということですよね。今、歴史を研究しているわたくしでも、金にしたたかな中国人と対等につきあいはしたくないですよね。今、中国のひとたちのこと、中国のひとたちとはお金がかかるつき合いはしたくないです。

楊：はい。

■山本理顕さんの作品について

村松：作品は先ほど述べた熊本の集合住宅がいいと思いました。あとは、正直なところ、あとはそんなによく見ていなくて。正確な感想を述べることはできないとおもいます。

村松：熊本のはなんか、真ん中が空いていて、雑然としたところが好きでした。たぶん、私の原風景なんでしょうけれど。そこにコミュニティが次第にできていくというところもいいですよね。あとは、これは見に行きたかったんですが、まだ行ってない。広島か岡山かなんかの……

村松：住宅に対するあのような新しい考え方というのに、感銘を受けます。表面的なスタイルの問題ではなくて、もう少し機能みたいなものもよく考えていると思います。特

楊：『住居論』(平凡社、2004年)というのはすごく感心していて、ご本も丁寧に読ませていただきました作品でいうと、本当にどういったらいいのでしょうか、あれは本当にどういったらいいのでしょうか、ちょっと違いますけど、北京のSOHOは見ました。が、熊本とはちょっと違いますけど、清清しさという言葉でくくれるのではないでしょうか？僕は始めからずっと最後までわくわくしながら見ていました。これまで、北京にはなかったスタイルの建物が、日本人の建築家によって立ち上がったというのは画期的だと思います。それは、もちろん、理顕さんだけでなく、クライアントのチャン・シン両方の功績でしょうけれども。新しいスタイルというものを感性として受け入れさせ、さらに、それをビジネス的な価値を持たせたという点では、1949年以降の北京の建物でも、歴史に残るものだと思いますね。さらに言えば、張永和さんとずっと仲良しでやっていますよね。そういう中国とか他の国の人たちとコミュニケーションを充分にとれるという点も、すごく尊敬し、学びたいことです。

村松：はい。

楊：日本だけじゃなく、外国の方にとってはここで、何か経験があったのではないかなと思っています。先ほど清清しいとおっしゃられましたが、北京では政治的、特に日本の方にとっては厳しいところなんですよ。民間の企業でしかも北京外SOHOの規模でしかも今の建物の印象以外に、クライアントのチャン・シンとアプローチをとったり、実はうまいところがあるんじゃないかと、推測しているんですけど、少なくとも、皆さんのこういう経験談が自分の狙いは、少なくとも、皆さんのこういう経験談が必要になってきますよね。どうやって成長してきたかということで……。

村松：中国の建築家について話をもどせば、この好景気はいい面もあるのですけれど、一方で不利益な側面もあると思いますよ。というのは、バブルだから訓練しなくても仕事が入ってくるでしょ。何も考えなくて、何もこう設計しなくても、建築家は生きていけるのでしょうから。だから、バブルが弾けたあと、中国の建築家の本当の正念場が出るんじゃないですかね。2010年の上海万博が終わってから、バブルがいったん低成長になった時に、どうするかが肝要でしょうね。

楊：そうかもしれないですね。でも、僕はちょっと楽観的で、要は文化大革命という空白があって、しかも今の経済的な成長はものすごいじゃないですか。だから、若干おかしく感じられるかもしれないですけど、今、訓練できていない人たちがだんだん増えているから。もちろんその中にも、建築家、建築家を目指している学生の為にさまざまな本を作ったらどうかなと夢を抱いています。理想論なんですけれど。

村松：楊さんのご意見には賛同する点が多々あります。だけど、もうひとつ、クライアントの教養という大きな問題があります。美術、映画とか、それから文学、音楽というのが中国では伸びていています。それらのクライアントというのは一般大衆です。若い人だけでも、お金

がなくても、異常のようなアートの成長には大きく貢献します。でも、建築の場合は、クライアントがある程度の年齢ですし、お金がかかるから非常に特殊な人たちただと思います。今回、山本さんの建外SOHOが良かったのは、チャン・シンという、若くて理解あるクライアントがいて、建築に対する理解があったことが成功のポイントのひとつです。いい建物ができれば、それがビジネスにつながるという意識が広まれば、だからそういう人たちが育つのではないでしょうか。でも、この考えの普及はなかなか難しいというのが第一点の難点ですね。さらにクライアントに関する難点のもう1つは、特に中国では商売っていうのは、クライアントがものすごくお金にシビアであることですね。例えば、香港はずっと市場経済でしたよね。でも、香港やシンガポールでいい建築家が生まれたかというと決してそうではなくて、生まれてないんですよ。台湾にもね。だから、楊さんのご意見ほど私は残念ながら楽観的にはなれない。いわゆる「アーキテクト」が生まれないかということも考える必要があるし、だからこそ、なぜ生まれないかということを反面教師にしていくと、反対にいい「建築家」が生まれるかもしれないですね。

楊：制度の問題かもしれないですよ、私は。文化だと思います。制度ではないと思いますよ。文明とか文化とかの制度よりも長いスパンの問題だと考えていますが。

村松：それは、ちょっと痛いかもしれないですけど、という側面はあるところかもしれないです。ただ、正直、中国は経済開放のあとで、市場、マーケティングというものが1930年以降ふたたび関心をもたれるようになった。そんな市場経済の社会でチャン・シンのような建築家がきちんとやって成功したのは、山本先生みたいな建築家がきちんとやって

いたからだと考えています。宣伝効果とハイクオリティの作品、さらにセールスチームもすごく強力なので、そんないくつかの要素がうまくかみ合った結果でしょう。たしかに、四大文明の中で中国文明はずっと残っているわけですから、古いところとかあって、すぐには回転しにくいところがあるんですが、もうすこしゆったりみたいですね。

村松：だから、その中で非常にいい「建築家」が生まれて来たかって言うと、今までには、庭園家、もしくは、文人ですね。これが中国文明の「建築家」の特色です。アイウェイという、張永和さんと同じくらい私が関心をもっている建築家は、絵を描いていきながらも文人ですよ。そういう人は出てくると思うんですよ。だけど、さらに大きくなにかをやるというのは、なかなかすぐには難しいんじゃないかと思っています。故宮とか、天壇とか非常に壮大なものをつくりあげる伝統は中国にあるのですから、いずれ出現するとは思いますが。

■山本理顕さんへの期待

村松：山本さんに対する期待ですか？ますますお元気に、ですよね。今、おいくつですか？

楊：えっと、61歳。

村松：61歳。まだお若いですよね。だから、ここを集大成ということにならなくて、いつも過激な感じでアグレッシブにやって活動していってほしいですよね。で、今先ほどお聞きしたところだと、ヨーロッパで中国の人たちと展覧会をやるっていう話がありましたよね。ですから、山本さん中国、北京で生まれて日本に来て、今は再び中国

楊：で仕事を盛んにされて、もちろん日本でもやられていますけど、そういう国境を越えて動いているということが示す最適な人だと思うんですね。それを続けていって欲しいというのが、期待です。

村松：はい。

楊：だから、そのような理顕さんが中国の建築家たちと一緒にやるというのは、すごくいいと思っています。得てして建築家はインターナショナルでいながら、国家を背負っていたり、また、国家を背負っていなくても日本人ということを、どっかで強く意識しているんですけども、理顕さんはそうではないような気がします。ですから、そのスタンスをこれからもずっと上手く続けていって、どっかで止まらないでやってほしいですよね。

村松：はい。⋯⋯僕はこれは最後にお聞きしたいのですけれども……。事務所のやり方なんかの、観点が非常に大事なのかなとおもいました。

楊：言葉と作品という上手く均衡しているということですよね。だから、日本と外というのも上手くバランスがとれているという所がいいんですよね。

村松：ここで話が飛ぶんですが、中国の建築の中で厳しいだろうという話の中に、理顕先生が明るい希望を与えてくれたんじゃないかなという気がしまして、今までこういうやり方は知らなかったかもしれない、クライアントとの接し方は知らなかったかもしれない、徹底的にやるという。本当に超真面目というところがあって、そういうところがクライアントには逃げ場を与えないような最初に決めた話で全部持っていく。自分がやるべきことをちゃんとやる。というようなことを、中国の場合は守らなかったり、ルーズだったり、いい訳作ったりして逃げてしまうんですが、そういう逃げ場を与えないと

いうのがあって。それはやっぱり、山本さんが日本人であるということ、ある年齢だということもありますよね。だから、もちろん明るい希望かもしれないけど、中国の建築界にとって明るい希望というと張永和さんのほうではない。

楊：そうですね。

村松：今日は長時間ありがとうございました。ぜひどこかであって、またいい話を聞かせてください。

楊：こちらこそありがとうございました。

Interviewer
Xiwei YANG 楊 熹微(ヨウ キビ)

工学博士
1972年中国湖北省生まれ
1999年東京工業大学工学部建築学科卒業
2001年東京工業大学大学院理工学研究科建築学専攻修士課程卒業
2005年東京工業大学大学院理工学研究科建築学専攻博士課程卒業
2005年～2006年連建築設計事務所勤務

「建行道」─山本理顕に耳を澄ませ

2006年2月10日　第一版第一刷

●発　　行	BankART1929
	横浜市中区本町6-50-1　TEL：045-663-2812　FAX：045-663-2813
●監　　修	楊　熹微
●協　　力	室伏夕華
●編　　集	辻　香
●デザイン	光野英行
●印　　刷	㈲コンフォート システム ランナース

定価（本体286円＋税）